लम्हे

NEETA AGARWAL

BookLeaf Publishing

India | USA | UK

Presentation by *BookLeaf Publishing*

Web: www.bookleafpub.com

E-mail: info@bookleafpub.com

ISBN: 9789360948931

First edition 2024

DEDICATION

To the one I love up there..

To the ones I love down here....

ACKNOWLEDGEMENT

याद तो दोनों ही आते हैं फ़र्क़ सिर्फ इतना है

अच्छी यादें देने वाले याद आते हैं तो दिल जलता है
और बुरी यादें देने वाले याद आते हैं तो खून...

शुक्रिया हर उस शख़्स का जो है इन यादों में शामिल

PREFACE

In the gentle embrace of the printed page, poetry finds its truest home—a sanctuary where words dance and emotions swell, where the human spirit is both revealed and revered. It is with immense joy and a humble heart that I present to you this collection of poems, my first literary offering to the world.

This book is born from years of silent observation and heartfelt reflection, from days spent in the quiet corners of both reality and imagination. Each poem nestled within these pages is a fragment of my life's mosaic, colored by experiences as a mother, a wife, a professional, and, indelibly, as an observer of the subtle nuances that define our existence.

My journey with words began at the age of sixteen, a voyage that has since navigated through the joys and tribulations of life. As a chartered accountant, I have learned precision; as a photographer, the art of capturing fleeting moments; and as a poet, the courage to bare my soul. My love for singing often harmonizes with my writing, infusing my poems with a rhythm that I hope resonates within the heart of every reader.

Through this collection, I aim to reach out to you, the reader, to share a spectrum of narratives—from the whispers of the mundane to the echoes of the profound. This book is an invitation to traverse emotional landscapes, to find pieces of your own stories reflected in mine.

Beyond my personal and professional life, I am also deeply committed to a cause that teaches first aid and emergency response through an NGO. This engagement with the immediate and often stark realities of life and survival subtly weaves its influence into my poetry, emphasizing the fleeting nature of our existence and the importance of compassion.

As you turn these pages, I invite you to partake in a journey that, though deeply personal, is universally human. May you find solace, joy, and perhaps a mirror in these poems. This is not just my voice—it is an echo of all our voices, a celebration of our shared human experience.

Welcome to my world of words.

बड़ी अजीब बात है

ख़ुशी की तलाश में हम दर-दर भटके बरसों ।
ग़मों में लुत्फ़ आने लगा है बड़ी अजीब बात है।।

सज धज कर मेरे घर आई है बारात।।
मेरे ग़म बने हैं दूल्हे बड़ी अजीब बात है।।

इस ज़माने में कोई भी तुम सा नहीं लगता।
हर कोई तुम सा लगता है बड़ी अजीब बात है।।

लोग मजबूर करते हैं दुनिया छोड़ने को।
कहते हैं इसको ख़ुदकुशी बड़ी अजीब बात है।।

जिनकी आँखें महकतीं थीं हमारी मोहब्बत से।
कहते हैं ये गुलशन हमारा नही बड़ी अजीब बात है।।

क्या कहूं

दोस्त कहूँ महबूब कहूँ या खुदा कहूँ
तू ही बता ऐ जान-ए-जिगर मैं तुझे क्या कहूँ।।

न कोई सवाल किया तूने न मैंने दिया जवाब।
इस ख़ामोशी की दीवार को बता मैं क्या कहूँ।।

एक दूजे की आँखों में एक दूजे के लिए प्यार।
अरसे से तुझे देखा नहीं तो मैं क्या कहूँ।।

तुम्ही को है सब बताना तुम्ही से सब छुपाना।
न बताना आये न छुपाना तो मैं क्या कहूँ।।

दिल की सुनूँ या दिमाग़ की समझ नहीं आता।
ये है ख़ुदग़र्ज़ी या तेरा प्यार मैं क्या कहूँ।।

न जिस्म का रिश्ता है तुझसे न सिर्फ दिल का।
अब इसे रूह का नाता न कहूँ तो क्या कहूँ।।

तो क्या हुआ

ऊपर वाला करता है बख़ूब हिसाब।
हम समझते हैं हम हैं मासूम तो क्या हुआ।।

एक दूजे को चाहते चाहते बरसों बीत गए।
बरसों से हम मिले नहीं तो क्या हुआ।।

इश्क़ में हम ख़ुद को भूले ख़ुदाई भी।
सिर्फ तुम ही तुम याद रहे तो क्या हुआ।।

एक दिन वो दामन छुड़ा कर चले गए।
अश्क़ों से भीगा था दामन तो क्या हुआ।।

वो क्या गए की ज़िंदगी ही चली गई।
साँसें अब तक भी हैं बाक़ी तो क्या हुआ।।

तलाश

न साक़ी न जाम न शमा न चराग़।
उनकी नज़र-ए-क़रम क़ाफी है महफ़िल के लिए।।

तड़पता हूँ इस तरह तेरी पनाहों के लिए।
मौज़ तड़पती है जिस तरह साहिल के लिए।।

सबकी आँखें हँसती रहें देखा है ये ख़्वाब।
शमा को तो जलना पड़ता है काजल के लिए।।

मैं जानता हूँ वो मुझे रुसवा नहीं करेगा।
हम फिर से जनम लेंगे तेरे हासिल के लिए।।

न रास्तों का है ठिकाना न नज़र को कोई तलाश।
चला जा रहा हूँ न जाने किस मंज़िल के लिए।।

तो चैन आए

इक बार भी तू दिल से जुदा नहीं होता।
इक बार तुझे भूल जाऊँ तो चैन आए।।

अरसे से तेरा ग़म लगा रखा है सीने से।
इक बार तुझे गले लगाऊँ तो चैन आए।।

उल्फ़त का सागर उमड़ रहा है दिल में।
इक बार इसे आँखों से बहाऊँ तो चैन आए।।

ज़िंदगी भर नहीं सुनी मैंने इस दिल की।
इक बार दीवानी हो जाऊँ तो चैन आए।।

इक चिंगारी सी दबा रखी है सीने में।
इक बार इसे शोला बनाऊँ तो चैन आए।।

होठों पे कब से सजा रखी है तब्बस्सुम मैंने।
इक बार दिल से मुस्कुराऊँ तो चैन आए।।

काँधों पे ढो रही हूँ साँसों का बोझ कब से।
इक बार जान तुझ पर लुटाऊँ तो चैन आए।।

ऊपर वाले ने लिखा है जाने क्या नसीब में।
इक बार उसकी रज़ा जान जाऊँ तो चैन आए।।

न जाने कब न जाने कैसे

ज़िंदगी की पहली सुबह
नर्म गुलाबी किरणें
खिला इक कोमल सा किसलय
अपने कोमल रंग लिए

गाता मुस्कुराता
दूसरे पत्तों के साथ
मगर सीने में दबी थी
जाने कैसी चाहत

चाहत कुछ कर दिखाने की
चाहत खुले आसमान में उड़ जाने की

ऋतुएँ बदलीं समय बदला
रंगों ने भी अपना रंग बदला

मगर वो पत्ता चिपका रहा
हमेशा अपने दरख़्त के साथ

ऐसे की जैसे उन्हें कभी न बिछड़ना हो
चाहे कोई तूफ़ान आए

और तूफ़ान आए हवाएँ चलीं
मगर वो पत्ता हिला तक नही

दिन अपने पूरे यौवन पर था
और वो पत्ता अपने में मस्त

फिर न जाने कैसे
हल्का सा इक झोंका आया
कुछ जाना सा कुछ पहचाना सा

अपनी बाहों की गिरफ़्त में उसके सपने लिए
उड़ा ले गया उसे
इक सूखे पत्ते की तरह

न जाने कब न जाने कैसे

देखा है

देखा है रास्तों को जुदा होते
साए को अलग होते देखा है
देखा है हीरों को तनहा रोते
मुझे तनहा तो न छोड़ जाओगे।।

देखा है रंगों को बदलते
मौसम को बदलते देखा है
देखा है खुद को भी बदलते
तुम कहीं बदल तो न जाओगे।।

देखा है क़समों को टूटते
सपनों को बिखरते देखा है
देखा है दिलों को टूटते
मेरा दिल तो न तोड़ जाओगे।।

तुम हो तो मैं हूँ
तुम नहीं तो कुछ नहीं
तुम मुझे "मैं" बनाकर
मुझे "तुम" तो न बना जाओगे।।

प्यार आया

जाने उनकी किस बात पर प्यार आया
ख़ामोश थे वो पर उनकी हर बात पर प्यार आया।।

मोहब्बत का दरिया छुपाकर रखते हैं दिल में
इक बूँद भी जो छलकी तो प्यार आया।।

उनकी दिल्लगी बन जाती है दिल की लगी
शमा को जलते देखा तो प्यार आया।।

यूँ किसी को दिल दे देना हमारी नादानी हो शायद
पर हमें इस नादानी पर भी प्यार आया।।

जब कहते हैं "प्यार है तुमसे" तो प्यार आता है
जब कहते हैं "प्यार क्या बला है" तो और प्यार
आया।।

जाने उनकी किस बात पर प्यार आया

कल्पना

अपना देश कहने से दुनिया पराई हो जाती है
सुना है कल्पना कभी-कभी रंग लाती है

कल्पना ऐसे विश्व की जहाँ सरहदें न हों
दिलों को बाँटें ऐसी लकीरें न हों

कल्पना ऐसे राज्य की जहाँ कोई क़ानून न हो
जहाँ आन बान और शान का कभी ख़ून न हो

कल्पना ऐसे इंसान की जिसका हर कोई अपना हो
जहाँ हर आँख में ज्योति हो हर आँख में सपना हो

कल्पना ऐसी धरती की जिसका कोई कण न सूखा हो
कल्पना ऐसे वक़्त की जब कोई पेट न भूखा हो

कल्पना ऐसे घर की जो दिलों से बना हो
जो त्याग पर खड़ा हो और प्यार से सना हो

कल्पना ऐसी सड़क की जहाँ कोई लावारिस न हो
हर इंसान अपने दम पर हो कोई सिफ़ारिश न हो

कल्पना ऐसे दिल की जिसमें न कोई मलाल हो
जहाँ हर लाल की माँ हो और हर माँ का लाल हो

कल्पना ऐसे प्रेम की जहाँ हर प्रेमी कृष्णा राधा हो
जहाँ प्रेम का मतलब पूजा हो और सब कुछ
सीधा-साधा हो

कल्पना ऐसे मज़हब की जिसमें ईश्वर का बँटवारा न
हो
जहाँ धर्म के नाम पर ख़ून बहाना किसी को गवारा न
हो

जहाँ "वसुधैव कुटुंबकम" की भावना कण-कण में
व्याप्त हो
जहाँ साईं जितना दे वो सबके लिए पर्याप्त हो

कल्पना ऐसे विश्व की जहां न तोपें हों न बम हों
जहाँ एक राष्ट्र हो, एक ध्वज हो और एक मन हो

सुना है कल्पना कभी-कभी रंग लाती है
अपना देश कहने से दुनिया पराई हो जाती है

Mother's day

आज हर जगह है माँ
आँखों में प्यार और तन में दुलार भर देती माँ

जिसकी छाती से लगकर जीवन मिला वो माँ
जिसका पल्लू पकड़कर मैं चला वो माँ

आखिर कौन है ये माँ

आखिर कौन है ये माँ
ममता के पल जो दे दे वो माँ

पति जब सर को सहलाए वो माँ
पत्नी जब आँचल में छुपाए वो माँ

साास जब गले लगा ले वो माँ
बहन जब आरती उतारे वो माँ

पिता जब अपने आँसू छुपा ले वो माँ
भाई चुपके से कुछ सिक्के थमा दे वो माँ

बेटी जब आपकी राह सजाए वो माँ
बेटा जब मरहम लगाए वो माँ

दादी जब काला टीका लगाए वो माँ
दादू जब गोद में खिलाए वो माँ

नानी जब कहानियाँ सुनाए वो माँ
नानू जब पीठ पर घुमाए वो माँ

पड़ोसी एक कटोरी अचार दे जाए वो माँ
दोस्त जब बिन बुलाए आ जाए वो माँ

माँ बस एक एहसास है
किसी न किसी रूप में
हर किसी के पास है

आज माँ हर जगह है
और हर किसी में है

माँ

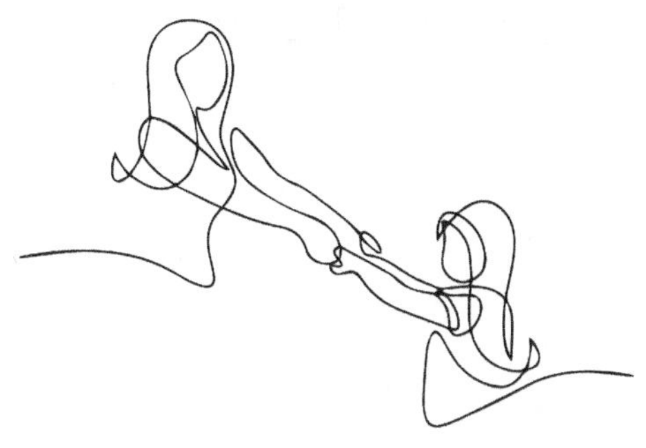

एक खूबसूरत सा एहसास है माँ
मामूली नहीं कुछ ख़ास है माँ

जो सभी ग़म भुला दे वो माँ
जो चैन से गोद में सुला दे वो माँ

जिसे अपनी कोई सुध नहीं वो माँ
हर पल बच्चों की फ़िक्र जिसे वो माँ

हर बच्चे में सामान रूप से बँट जाए वो माँ
जो सब सह जाए पर प्यार ही बरसाए वो माँ

जिसके सर में दिमाग नहीं सीने में दिल है वो माँ
मीठी सी लोरी नज़र का काला टीका है माँ

मुस्कराहट के पीछे छुपा दर्द जो देख पाए वो माँ
गुस्से के अंदर दबा प्यार जो समझ जाए वो माँ

जो लात खाके भी दूध पिलाए वो माँ
माँ कोई शब्द नहीं
पर हर ख़ामोशी जो सुन पाए वो माँ

ऐ चाबी

ऐ चाबी
तू सबकी है किसकी नहीं

ख़ज़ाने की, महलों की
खुशियों की, दिलों की

घरों की, कारखानों की
मंदिरों की, क़ीमती सामानों की

ऐसा क्या है तुझमे
ऐसा क्या है तुझमे
जो हर कोई तुझे दिल से लगाकर रखता है

ऐ चाबी
तू दिल में जाकर इठलाती है
अपनी जगह बनाती है
खुशियों के दरवाज़े खुलवाती है
इसलिए शायद सभी की जान बन पाती है

एक बात और भी है नादान
तुझे कहाँ कोई बताता है

तू जब किसी की खो जाती है
वो तो आखिर टूट ही जाता है

ऐ चाबी
तू हर किसी को बाँध सकती है
नज़रों से बचा सकती है
पर एक चीज़ है जो तेरे क़ाबू में नही
कभी मेरे ख़्वाबों, मेरी हसरतों पर नज़र उठा के दिखा

रात आती है

रात आती है सपने दिखाने के लिए
और दिन उनको मुकम्मल कराने को
मगर ज़ालिम तुम जब भी आते हो
तो रातों की नींद और दिन का चैन उड़ाने को।।

एक शख़्स कुछ देता है दूसरा वापस करता है
इंसान का इंसान से कुछ ऐसा ताना बाना है
मगर बेवफ़ा तुम जब ज़मीन पर आते हो
तो बस शहर-क़स्बों की भीड़ बढ़ाने को।।

गुलशन हवा देता है तो फूल खुशबू देता है
भंवरा जो रस पीता है तो फिर वापस कर देता है
पर तुम किस मिट्टी से बने हो दोस्त
बस लेते ही रहते हो अपने गुरूर में समाने को।।

एक साँस हम भरते हैं तो फिर वापस छोड़ते हैं
एक क़दम बढ़ाते हैं तो एक पीछे मोड़ते हैं
न तुम कुछ छोड़ते हो न ख़ुदगर्ज़ी की राह मोड़ते हो
तुम्हें रब ने बनाया होगा फिर वापस न बनाने को।।

दोस्त

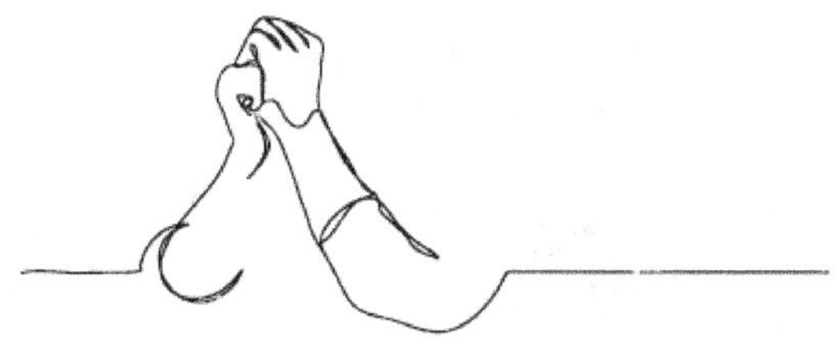

मेरी बचपन की यादों के ख़ज़ाने हो तुम
मेरे लिए दोस्त सबसे पुराने हो तुम।

तुम्हारे साथ गुज़ारे वो अल्हड़पन के दिन
वो मासूम हंसी वो शरारतें वो खुशियों भरे दिन।

जबसे मैंने होश सँभाला तुम्हे अपने साथ पाया
मेरी बचपन की यादों में तू है समाया।

हमारे रिश्ते में कभी शरारतें कभी हँसी कभी खेलकूद
तो कभी नाराज़गी
पर इन सबको बाँधे थी एक मज़बूत डोर दोस्ती की।

एक ऐसी डोर जिसे समय भी नहीं तोड़ पाया
चाहे रही हो धूप चाहे रही हो छाया।

आज ये डोर बरसों पुरानी हो गयी है
इस मौके पर दिल से कई दुआएं निकल रहीं हैं।

रब तुम्हे सारे सुख दे इतनी खुशियां दे
की तुम्हे ये ज़िंदगी छोटी लगने लगे ।

क्यूँकि तुम जैसा साफ दिल इंसान कम होता है
तक़लीफ़ हो तुम्हें तो मुझे ग़म होता है।

और हम चाहे कहीं भी रहें
रब इस डोर को यूँही बांधे रखें
मौत मेरे होश छीन ले जाए तब तक।
और उसके बाद भी.......

मैं झुकती हूँ

मैं झुकती हूँ
इसलिए नहीं कि तुम सही हो
पर इसलिए कि कहीं मैं भी गलत थी शायद

मैं झुकती हूँ
इसलिए नहीं कि मुझे तुम्हारी ज़रूरत है
पर इसलिए कि मेरे दिल को सुकून तुम्ही से आता है

मैं झुकती हूँ
इसलिए नहीं कि मेरा दिन नहीं गुज़रता
पर इसलिए कि मुझे नींद तुम्हारा हाथ पकड़कर ही
आती है

मैं झुकती हूँ
इसलिये नही कि हमारा रिश्ता कहीं टूट न जाये
पर इसलिये कि ये रिश्ता चांद की तरह ख़ूबसूरत है

मैं झुकती हूँ
इसलिए नहीं कि तुम लाखों में एक हो
पर इसलिए कि मेरे लिए तुम बस एक ही हो

मैं झुकती हूँ
इसलिए नहीं कि मुझे ख़ुश रहना है
पर इसलिए कि तुम्हे नाख़ुश देखना मुझे गवारा नहीं

मैं झुकती हूँ
इसलिए नहीं कि मुझे ख़ुदा बनने का शौक़ है
पर हर चीज़ को उड़ने से पहले झुकते ही देखा है

हाँ मैं झुकती हूँ

नहीं है

पत्थर की इमारतें आसमान को चूमती हैं
प्यार ज़मीन पर भूखा है
इन शहरों में मोहब्बत तो बहुत है, दीवानगी नहीं है।।

कागज़ के दिल कागज़ के फूल
चेहरों पर कागज़ी नक़ाब है
बेमुश्क़ रगों में लहू तो बहुत है, रवानगी नहीं है।।

इस पूरी क़ायनात में इंसान की औक़ात क़तरे भर की
नहीं
हर शक्श जज़ीरे में है
आब-ए-हरम के दरिया तो बहुत हैं, तिश्नगी नहीं है।।

सुना है

दिल टूटे तो सुना है आँसू हर पल मेहमान है
ये क्या टूटा है फिर
दिल समंदर आँखें रेगिस्तान हैं।।

कागज़ के गुल सुना है सारे पशेमान हैं
संग दिल निगहबान है
फिर ये कैसा गुलिस्तान है।।

वक़्त गुज़र रहा है या सुना है हम गुज़र रहे हैं
वक़्त तो वहीं खड़ा है
फिर ये कैसी दास्तान है।।

उजालों में रौशनी ढूँढ रहे हैं अंधेरों में गुम ईमान है
रब मालिक-ए-मकान है
फिर कैसे लोग परेशान हैं।।

कहाँ से आता है

हर दिन यूँ हंसकर गुज़ार देते हैं
रात तकिये के गिलाफ़ों में
फिर एक क़तरा
जाने कहाँ से आता है।

सनम की पेशानी चूमकर रुख़सत कर दिया
हर पल होठों की कलियों पर
फिर एक एहसास
जाने कहाँ से आता है।

प्यार में सराबोर होकर ख़ुद को भुला दिया
वो अब दग़ा दें या ज़फ़ा लबों पर
फिर एक क़लमा
जाने कहाँ से आता है।

इश्क़ की मिसाल हमने छोड़ी है इस क़दर
जो आँख रूबरू थी सूखी थी दूसरी में
फिर एक आँसू
जाने कहाँ से आता है।

कैसे देखते हो

दिल कभी अपनों के लिए धड़कता है
दिल कभी सपनों के लिए धड़कता
तुम अपनी धड़कनें मंसूबों के क़रीब रखते हो
फिर आईने में ख़ुद को कैसे देखते हो।।

ख़ुद से बाहर कभी देखा नहीं
ख़ुद से ऊपर कभी सोचा नहीं
ख़ुदा को भूल ख़ुदग़र्ज़ी में लगे रहते हो
फिर ख़ुद को आईने में कैसे देखते हो।।

दिमाग़ में भी दिमाग़ रखते हो
दिल में भी दिमाग़ रखते हो
दिमाग़ मज़बूत दिल पत्थर रखते हो
फिर आईने में ख़ुद को कैसे देखते हो।।

क्या जानें

जो जीत रहे हैं दुनिया को
दिल हार के जीना क्या जानें

जो कदम कदम दिल तोड़ते हैं
कदम मिला कर चलना क्या जानें

जो मौक़ापरस्त दुनिया का हिस्सा हैं
आग-ए-ग़म में जलना क्या जानें

जो वादा करके तोड़ गए
ख्वाबों को सीना क्या जानें

जो लहू को पानी समझते हैं
आँसुओं को पीना क्या जानें

जो ख़िज़ाँ में उम्र बिताते हैं
सावन का महीना क्या जानें